L'ADOPTION

PETITE COMÉDIE

Jouée le jour de la Distribution des Prix, par les jeunes élèves
de NOTRE-DAME-DES-ARTS.

PAR

Mme TH. MIDY

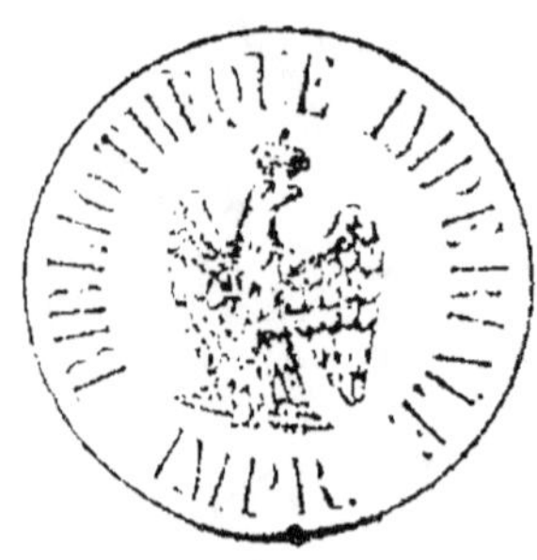

1858

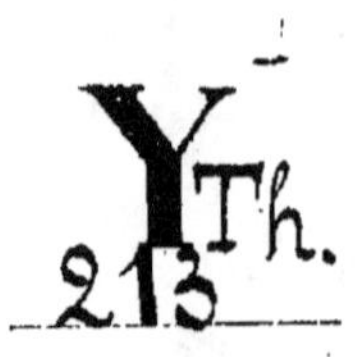

PERSONNAGES :

CAMILLE MULLER, 15 ans.

MATHILDE, sa sœur, 5 ans.

HENRIETTE DUBREUIL, leur cousine, 13 ans.

JOSÉPHINE, sœur d'Henriette, 5 ans.

AURÉLIE, fille du Docteur, 16 ans.

(La scène est à Paris, chez Madame Dubreuil).

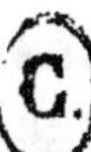

L'ADOPTION

PETITE COMÉDIE

Un cabinet de travail chez Madame Dubreuil. Près d'une table, où sont posés deux bouquets enveloppés de papier, Henriette et Camille sont assises. Chacune d'elles termine un ouvrage à l'aiguille.

SCÈNE PREMIÈRE.

CAMILLE, HENRIETTE.

CAMILLE (*soupirant*).

Enfin, voici donc cette berthe terminée; j'ai cru que je n'en finirais jamais.

HENRIETTE.

Comment! tu te plains. Mais songes donc, cousine, qu'il y a trois jours à peine que tu l'as commencée, et que c'est un petit chef-d'œuvre de grâce et de bon goût que cette broderie, dont toi-même a composé le dessin.

CAMILLE (*souriant tristement*).

J'en ai beaucoup fait de ces chefs-d'œuvres là, depuis que nous sommes venues loger avec vous, et qu'y ai-je gagné , dis-le moi? A peine du pain !

HENRIETTE.

Ces ouvrages à l'aiguile se paient si peu ! — et pourtant, ma bonne Camille, c'est bien quelque chose que d'avoir pu faire vivre ta mère, malade, et ta petite sœur, du prix de ton travail.

CAMILLE (*vivement*).

Ne dis pas cela, Henriette , car rien n'est moins réel, et je sais trop que sans ma tante, qui partage avec nous son modeste ordinaire depuis que ma mère a pris le lit, je n'aurais pu subvenir aux dépenses nécessitées par sa maladie.

HENRIETTE (*lui prenant la main*).

Eh bien ! après ? voyons, quant il serait vrai ? Est-ce que ta mère et la mienne ne sont pas deux sœurs ? Est-ce que tu ne serais pas heureuse de nous aider à ton tour si nous en avions besoin ?

CAMILLE.

Ma bonne Henriette !

HENRIETTE.

Il n'y a pas de bonne Henriette, et je suis au contraire de très-méchante humeur : car enfin, de quoi te plains-tu ? Ta mère, dont la santé t'a donné ces temps-ci de si vives inquiétudes, n'entre-t-elle pas en pleine convalescence, et le docteur ne nous disait-il pas hier encore qu'il en répondait maintenant ?

CAMILLE.

Eh bien, oui, j'ai tort; je suis une ingrate et je devrais plutôt...

HENRIETTE (*lui mettant la main sur la bouche*).

Tu devrais te taire et m'écouter, lorsque par hasard une fois je parle raison.

CAMILLE (*souriant*).

Veux-tu dire par là, qu'une fois n'est pas coutume ?

HENRIETTE.

Tu ris? à la bonne heure ; voilà comme je t'aime, et ma tante en profitera, car, puisque tu te disposes à lui souhaiter sa fête, ce sera une joie pour elle de te voir moins soucieuse, et je suis certaine qu'elle aimera mieux encore ton sourire que ton bouquet !

SCÈNE II.

Les précédentes, MATHILDE et JOSÉPHINE portant
des bouquets

MALTHILDE (*qui a entendu les derniers mots*).

Et pourtant, il est beau, le bouquet de ma sœur!
(*Elle le prend et le regarde.*) Mais le mien est joli aussi,
pas vrai, Henriette?

HENRIETTE (*l'embrassant*).

Joli comme toi, mon bijou.

CAMILLE (*à Joséphine*).

Oh mais! en voici un qui fera de l'effet! les beaux
géranium !

JOSÉPHINE (*joyeuse*).

C'est moi qui l'ai choisi. J'aime le rouge, moi.

CAMILLE (*la soulève et l'embrasse*).

Ton bouquet est charmant, et toi aussi. Mais posez-
les là, bien doucement à côté des nôtres, et pour passer
le temps, regardez ensemble les gravures de ce livre.
— Surtout prenez bien garde de vous chiffonner; moi
je vais porter ces broderies à ma tante, et, si notre
chère malade est éveillée, je reviens vous chercher de
suite avec vos fleurs.   (*Elle sort*).

SCÈNE III.

Les deux petites filles restent à feuilleter un livre. —
HENRIETTE seule, puis AURÉLIE.

HENRIETTE (*suivant Camille des yeux*).

Chère cousine, quel courage! quel cœur excellent!
Ah ! comme je voudrais la voir heureuse !

AURÉLIE (*lui touchant le bras*).

Que lui manque-t-il donc pour l'être, Henriette?

HENRIETTE (*avec étonnement*).

Aurélie ! quel bonheur ! que tu es aimable et gentille de venir nous surprendre ainsi !

AURÉLIE.

Je viendrais plus souvent si cela dépendait de moi, mais nous ne sommes plus au temps qui nous réunissait, toi, Camille et moi, sous les ombrages de cette petite pension de Passy, d'où nous nous envolions chaque samedi pour n'y rentrer souvent que le lundi soir.

A présent et dans l'institution de Notre-Dame-des-Arts, dont mon père est le médecin, et qui m'a reçue pensionnaire, il me faut travailler de façon à réparer le temps perdu, aussi je ne sors que tous les quinze jours ; tu vois donc bien...

HENRIETTE.

Je vois que tu ne nous as pas oubliées, et cela me suffit. Et puis, j'ai tant à te remercier de nous avoir envoyé ton père pour ma tante ! — C'est lui qui l'a sauvée, vois-tu : oui, sans lui, sans ses conseils, nous l'eussions perdue, j'en suis sûre !

AURÉLIE.

Chère Henriette, si tu savais combien je suis touchée de ce que tu me dis ; là peut-être est-ce de l'orgueil, mais il est permis à une fille de se sentir fière de son père, n'est-ce pas? et si tu savais comme le mien est bon ! quelle âme dévouée ! quel noble cœur !

HENRIETTE (*finement*).

Je le sais, et je sais aussi que sa fille lui ressemble en tout point.

AURÉLIE.

Flatteuse !

SCÈNE IV.

LES PRÉCÉDENTES, CAMILLE.

CAMILLE (*s'essuyant les yeux*).

Aurélie! ma bonne Aurélie! ah! tout n'est donc pas chagrin aujourd'hui, puisque te voilà.

HENRIETTE (*frappant du pied*).

Comment? encore des pleurs! un jour comme celui-ci!... Est-ce que ma tante serait moins bien ce matin?...

CAMILLE.

Non ma chère cousine, merci, le mieux continue. Mais que veux-tu, il y a des époques dans la vie où le passé nous revient en mémoire avec toutes ses tristesses et tous ses regrets, et c'est ainsi que ma mère se rappelait tout à l'heure le temps où mon père gagnant largement la vie de sa famille avec l'aide de ses crayons et de son burin, faisait entre elle et moi des rêves d'avenir que.....

HENRIETTE.

Achèves donc?

CAMILLE.

Que notre position actuelle ne nous permettra jamais de réaliser.

AURÉLIE (*avec intérêt*).

Et ces rêves, ma chère Camille?

CAMILLE.

Ces rêves étaient aussi modestes que celui qui les formait.

Habile dessinateur et graveur des plus estimés, mon père espérait en me donnant les premières notions de son art, que j'en arriverais un jour à hériter de lui son talent avec son nom, et souvent, lorsque dans les derniers jours de sa vie il me voyait m'exercer à composer de petites scènes, à grouper de petites figures, le pauvre père souriait à ces essais naïfs, et, me prenant dans ses bras, il me disait : Que Dieu m'accorde encore quelques années et je pourrai m'en aller vers lui sans inquiétude, car alors je laisserai a ta mère un soutien, et ce soutien, enfant, ce sera toi ! (*elle pleure.*)

AURÉLIE (*lui prenant la main*).

Ma chère Camille !

HENRIETTE.

Mon pauvre oncle !

CAMILLE.

Je vous afflige. — Mais que voulez-vous, mes chères amies, mon cœur est si plein !

AURÉLIE.

Mais est-ce qu'il est réellement et tout à fait impossible pour toi de continuer ces études qui t'eussent amenée à réaliser les espérances de ton père?

CAMILLE.

Comment le pourrais-je ? Ne t'ai-je pas dit que nous n'avons plus désormais d'autre ressource que notre aiguille.

Ma tante elle-même ne possède qu'une très-modique pension de veuve d'officier, en sorte qu'elle brode du matin au soir avec ma chère Henriette pour se procurer un peu d'aisance et pour nous venir en aide. — Tu vois donc bien qu'il me faut renoncer à l'espoir de continuer avec mon éducation interrompue, l'étude du dessin, de quelqu'utilité qu'elle pût me devenir.

AURÉLIE.

C'est un grand malheur, car il est certain que si tu en étais seulement arrivée à composer de ces jolis dessins qui se gravent sur bois pour illustrer les publications populaires, ou de ceux qui servent pour les papiers de tentures, les châles, les étoffes, tu aurais gagné beaucoup d'argent, et...

CAMILLE.

Et, j'aurais pu ainsi procurer à ma mère une position calme et douce qu'elle se fût trouvée heureuse de me devoir. J'aurais pu apprendre à ma chère Mathilde ce que moi-même j'aurais su et vivre satisfaite entre elles deux, avec mes cousines que je chéris et ma tante si bonne et si dévouée. Mais ce ne sont là que des rêves; et, la réalité si triste et si accablante est ce qui nous faisait pleurer tout à l'heure, ma mère et moi.

AURÉLIE (*réfléchissant*).

Et, c'est aujourd'hui la fête de ta mère?

CAMILLE.

Triste fête, si j'en juge par le commencement.

AURÉLIE.

Qui sait? — N'avons-nous pas vu parfois de sombres matinées s'éclaircir vers le midi et qui se trouvaient suivies de soirées magnifiques?—Pourquoi n'en serait-il pas de même pour toi? Espères donc : et puisque vous vous apprêtiez à fêter ta mère, attends-moi, car je veux lui offrir aussi mon bouquet.   (*Elle sort.*)

SCÈNE V.

HENRIETTE, CAMILLE.

HENRIETTE.

Qu'elle est gentille!

CAMILLE.

Qu'elle est heureuse!

HENRIETTE.

Tous les bonheurs ne se ressemblent pas ; mais moi je n'envie celui de personne, le mien me suffit et si tu voulais.....

CAMILLE.

Oui, tu as raison, chère Henriette, et je vais forcer mes regrets à se taire. Et toute à mon travail, sans jamais perdre une heure, une minute, près de toi si bonne et si gaie, il y aura assez de bonheu pour moi dans cette maison, surtout si je puis voir la sérénité renaître dans l'âme de ma mère !

HENRIETTE.

Je suis contente de toi, te voilà raisonnable. Eh bien alors et pour te distraire en attendant le retour d'Aurélie, tu devrais travailler un peu à cette petite pièce de vers que tu m'as promise pour le vieil ami de ma mère, monsieur Bonnard.

CAMILLE.

Et que tu lui avais promise de ton côté en mon nom, sans savoir si je pouvais me tirer de ce mauvais pas.

HENRIETTÉ.

Allons, voyons cousine, pas de fausse modestie, est-ce que tu n'as pas fait en plus d'une occasion, de charmants couplets pour ma mère et pour la tienne.

CAMILLE (*avec impatience*).

Quelle comparaison tu fais là ! Pour une mère, a-t-on besoin de chercher, de réfléchir? on écrit ce qu'on sent et c'est toujours bien ; au lieu qu'ici je ne sais même pas.....

HENRIETTE.

Pour qui sont ces vers?..... Mais si, tu le sais, c'est pour une jeune fille de notre âge dont le père est l'ami de M. Bonnard.

Or, dernièrement chez cet ami M. Bonnard, soutenait que rien n'est plus facile que de versifier. — Mal, dit l'ami. — Bien, répondit M. Bonnard.

Puisqu'il en est ainsi, tu nous écriras quelque chose de ton crû sur l'album de ma fille pour le jour de sa fête, qui n'est pas loin, dit malicieusement l'ami.

A ce sujet-là plusieurs fois déjà M. Bonnard s'est gratté l'oreille. — Impossible, rien n'est venu. C'est là-dessus qu'hier, pour calmer son désespoir, je lui ai parlé de ta facilité pour faire des vers. Au reste, je t'ai déjà dit tout cela; mais tu n'as pas l'air de comprendre. (*Elle approche l'encrier.*)

Allons, ma Camille, à l'ouvrage; fais cela pour moi, et par la même occasion, sauve M. Bonnard.

CAMILLE.

Ne t'inquiète pas de lui, car je n'ai pas attendu jusqu'ici pour t'obéir, et la preuve c'est que voici ce que tu m'as demandé.

HENRIETTE (les prenant).

Le Secret du Bonheur; tiens! c'est un à-propos, n'en parlions-nous pas tout à l'heure? Mais, que vois-je, il y a de la musique sous ces vers. — Qui l'a faite?... Ce n'est pas toi, toujours?

CAMILLE.

Le jour où je venais de les terminer, et dans l'instant où je les lisais a ma mère, afin d'en avoir son avis, — car tu sais que je ne versifie qu'à titre d'essai, Léon, son filleul, vint nous rendre visite : s'emparer de cette petite pièce, la lire, la demander pour y adapter de la musique, tout cela fut pour lui l'affaire d'une minute, et comme je vis bien que je fâcherais ma mère si je refusais son favori, je me suis résignée.

HENRIETTE.

Comment, résignée? Mais elle ne vaut donc rien, cette musique?

CAMILLE.

Loin de là, elle eût mérité de se trouver associée à des idées moins prosaïques; mais, que veux-tu, cousine, on fait ce qu'on peut!

HENRIETTE (*après avoir lu*).

Laisses-donc, ils sont charmants, au contraire, ces vers-là, et jamais on ne voudra croire que M. Bonnard.....

CAMILLE.

Tais-toi, folle que tu es.

HENRIETTE.

Je le veux bien, mais c'est à condition que nous allons essayer ensemble cette fameuse musique du filleul de ma tante. Nous sommes toujours bien assez musiciennes pour chanter cela, je suppose?

CAMILLE.

Essayons. (*Elles chantent.*)

LE SECRET DU BONHEUR.

A peine échappée à l'enfance,
Mais rêveuse déjà, bien que rieuse encor,
Sur ton front se peint l'innocence
Ton plus doux, ton plus cher trésor.
Oh! reste ainsi, — défends ton âme
Des piéges de la vanité.
Cette idole des cœurs sans flamme,
Cet ennemi de la beauté,
Toujours calme, pure et joyeuse,
Vis sous les regards du Seigneur...
Crois-moi : — mériter d'être heureuse.
C'est tout le secret du bonheur.

HENRIETTE.

Vivat, M. Léon !

SCÈNE DERNIÈRE.

Les précédentes, AURÉLIE.

AURÉLIE (*un papier à la main*).

Je ne me suis pas trop fait attendre, j'espère, et pourtant, mes chères amies, j'ai fait bien de la besogne, et de la bonne, je vous en réponds.

CAMILLE.

A ton air de contentement, je vois qu'il t'est arrivé quelque chose d'heureux. (*Avec sentiment.*) Ah! ma chère Aurélie, crois bien que toujours ta joie aura un écho dans nos cœurs!

AURÉLIE.

Ce n'est pas de moi qu'il s'agit, c'est de toi. — Tu vois bien ceci. — C'est ton admission à Notre-Dame-des-Arts. Là tu vas redevenir ma compagne, comme autrefois.

CAMILLE.

Je ne te comprends pas. Ne t'ai-je pas dit que nous sommes sans fortune et que ma mère, à peine rétablie, devra gagner notre existence avec son aiguille.

AURÉLIE.

Son existence et celle de Mathilde, oui; quant à toi, tu ne lui coûteras plus rien, puisque ton admission est gratuite, et tu ne reviendras près de ta mère que pour être son gagne pain, son appui, son bon ange, — tout ce que ton pauvre père souhaitais que tu fusses.

CAMILLE.

Il se pourrait! — Mais pourtant, dis-moi, ce titre d'élève admise gratuitement ne m'exposera-t-il pas aux dédains, aux humiliations...

AURÉLIE.

Ah, Camille! Je ne te reconnais pas là! Des humiliations! De la part de qui? Et pourquoi?

Est-ce que cette maison n'a pas été fondée surtout pour y recueillir de jeunes orphelines sans fortune dont les familles méritent l'intérêt, le respect de tous? Va, crois-moi, j'ai là pour compagnes de riches, de nobles jeunes filles, mais c'est devant celles qui n'ont plus de père pour les protéger, que les portes de Notre-Dame-des-Arts s'ouvrent avec le plus de joie.

CAMILLE.

Eh bien! compléte la mienne en me disant par quels moyens tu es arrivée à ce résultat et qui j'en dois remercier après toi!

AURÉLIE.

Le moyen que j'ai employé est bien simple, comme tu vas voir.

L'institution, tu le sais, n'est qu'à deux pas d'ici; de plus, c'est justement jour de conseil. J'ai fait demander mon père qui allait y siéger : je lui ai rappelé ton père à toi, auquel, ne pouvant le sauver, il a prodigué ses consolations. Je lui ai peint la position de ta mère qu'il aime et qu'il estime; enfin, je lui ai dit quelles avaient été tes espérances et quels sont tes regrets, et je l'ai supplié de parler pour toi au conseil et d'en obtenir ton adoption (*montrant la lettre*) que voici, et que je vais offrir à ta mère avec mon bouquet.

Tiens, lis-là si tu veux, elle n'est pas cachetée.

CAMILLE (*s'essuyant les yeux du revers de sa main*).

Je n'y vois pas.

HENRIETTE (*s'emparant de la lettre*).

J'y verrai, moi. (*Elle lit.*)

Madame,

J'ai la joie de vous annoncer que dans le conseil de notre œuvre il a été résolu à l'unanimité, sur la demande de notre docteur, que votre intéressante Camille serait admise immédiatement au nombre de nos élèves non payantes.

Recevez-en, Madame, nos compliments; et faites-en remonter la reconnaissance à qui de droit.

HENRIETTE.

Il n'est pas besoin de beaucoup chercher, pour savoir à qui nous devons en offrir le témoignage, et la fondatrice de Notre-Dame-des-Arts.....

AUPÉLIE.

Mais elle ne l'a pas fondée seule, cette chère maison, l'Église, le barreau, l'administration, l'État même lui ont apporté le concours de leur bon vouloir.

Des femmes qui ne vivent que pour faire le bien, des artistes au cœur chaleureux se sont occupés et s'occupent sans cesse des intérêts de cette œuvre qu'un auguste prélat a pris sous sa protection.

Tu vois par là, ma chère Henriette, que ta reconnaissance devra se diviser à l'infini, si tu la déverses sur tous ceux qui apportent le tribut de leur dévouement à cette fondation si digne de la sympathie des bons cœurs.

CAMILLE (*qui jusque là était restée assise et rêveuse*).

La mienne s'élèvera chaque jour vers celui qui les tenant tous dans sa main puissante, les a remplis d'une si tendre mansuétude pour les pauvres orphelines qu'adopte la sainte maison.

Et chaque jour aussi, je lui demanderai comme au plus juste, au plus généreux, au plus puissant des protecteurs, de répandre ses bénédictions sur les jeunes familles de ces gens de bien.

Quant à toi, ma bonne Aurélie, je n'ai rien à t'offrir,

pas même l'amitié d'une sœur, la mienne est à toi depuis si longtemps! à toi, par qui je puis dire aujourd'hui : Oh! mon père, tes vœux seront exaucés?

AURÉLIE (*prend son bouquet et l'entraîne, les autres prennent les leurs et suivent*).

Viens, — et puisque tu crois me devoir quelque chose, ta mère me paiera ta dette avec son bonheur!

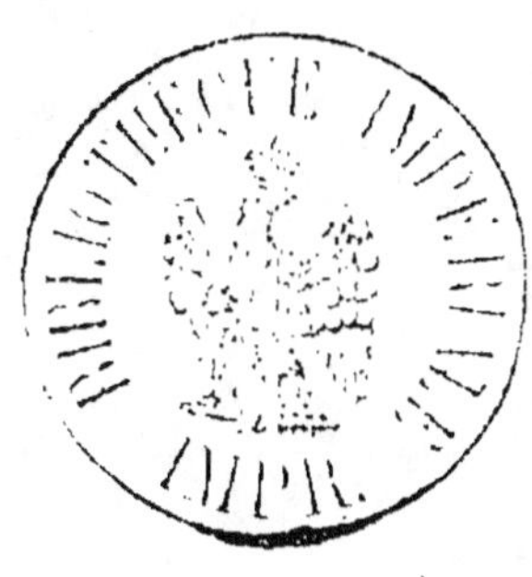

Paris. —Imprimerie de P. Carion, rue Bonaparte, 64.